El infinito potencial de la mujer

Un discurso de
Sri Mata Amritanandamayi

Impartida en la Cumbre 2008 de la Iniciativa de
Mujeres por la Paz Global:
"Abriendo camino a lo femenino:
por el bien de la comunidad mundial"
Jaipur, India – 7 de marzo de 2008

Mata Amritanandamayi Center, San Ramon
California, Estados Unidos

El infinito potencial de la mujer

Traducción inglesa por: Swami Amritaswarupananda Puri
Traducido del inglés por Patricio Hernández Pérez

Publicado por el
Mata Amritanandamayi Center
P.O. Box 613
San Ramon, CA 94583
Estados Unidos

—————— *The Infinite Potential of Women (Spanish)* ——————

Primera edición por MA Center: septiembre de 2016

En España: www.amma-spain.org
fundación@amma-spain.org

En la India:
inform@amritapuri.org
www.amritapuri.org

Amma y Dena Merriam, Fundadora de la
Iniciativa de Mujeres por la Paz Global, durante
la oración de apertura de la Cumbre.

La Cumbre reunió a centenares de personas para
tratar sobre como las líderes femeninas podrían
transformar la religión, la política, la economía y la
sociedad en general. Fue un encuentro ecléctico, en
el que se encontraron guías espirituales y religiosos,
políticos, académicos y educadores, profesionales
de la salud y activistas de los derechos humanos.

Introducción

La Cumbre de la Iniciativa de Mujeres por la Paz Global del año 2008, titulada "Abriendo camino a lo femenino; por el bien de la comunidad mundial", reunió a centenares de personas para tratar sobre cómo las líderes femeninas podrían transformar la religión, la política, la economía y la sociedad en general. Fue un encuentro ecléctico, en el que se encontraron guías espirituales y religiosos, políticos, académicos y educadores, profesionales de la salud, activistas de los derechos humanos, así como una docena de jóvenes de países en situación conflictiva.

La Cumbre tuvo lugar en el Hotel Clarks Amer de Jaipur, la capital de Rajasthan, en el norte de la India, del 6 al 10 de marzo de 2008. Coincidió con el programa del darshan anual de Amma en la Pink City (Ciudad Rosa). El 7 de marzo Amma pronunció un profundo y apasionado discurso titulado "El infinito potencial de la mujer" que se centró en la opresión que sufre la mujer en varios sectores sociales.

En gran medida, la conferencia fue una extensión de los temas tratados por Amma en la primera Cumbre de la Iniciativa de las Mujeres por la Paz Global, en la sede de las Naciones Unidas de Ginebra en el año 2002, titulada "El despertar de la maternidad universal".

En el 2002, Amma elogió el inmenso poder de la energía femenina y dijo que por el bien del mundo, era imperioso que las mujeres se unieran a los hombres para liderar la sociedad. Amma pidió a las mujeres que creyeran en sí mismas y a los hombres que, en lugar de bloquear el ascenso de la mujer, lo apoyaran. Lo que otorgó a la visión de Amma un carácter único, fue su insistencia en que la mujer no debería avanzar imitando a los hombres sino desarrollando totalmente su maternidad innata. Amma dijo que la base de la existencia de la mujer es su amor maternal, compasión, paciencia y altruismo, y que nunca debería abandonar, bajo ningún precio, esas cualidades. Amma dijo que si la mujer rechaza sus cualidades femeninas, lo único que añadiría sería un mayor desequilibrio en el mundo. "En los tiempos que se avecinan, habrá que hacer un esfuerzo por volver a despertar el poder curativo de la maternidad", añadió Amma. "Es la única vía para que se realice nuestro sueño de paz y armonía para todos".

En la conferencia del año 2008, en Jaipur, Amma continuó lamentándose del deterioro del amor y el respeto mutuo entre hombres y mujeres y, por el bien de la paz y la armonía mundial, apremió a que se solucionara. "Mujeres y hombres deben juntar sus manos para salvar a nuestra sociedad y a las generaciones futuras de un gran desastre. Pero la situación actual es parecida a la de dos camiones enormes que circulan a gran velocidad y en direcciones opuestas, sin que ninguno de ellos esté dispuesto a ceder el paso al otro".

Amma incluso fue más allá: "Si el futuro tiene que florecer como una bella, fragante y esplendorosa flor, las mujeres y los hombres tienen que unirse en todas las esferas. Es fundamental que sin más dilación, se preste atención a esta idea, especialmente los que deseen la paz y la felicidad en la comunidad mundial. Por el bien de un futuro prometedor las mentes e intelectos de mujeres y hombres tienen que alcanzar la unidad. Ya no podemos esperar más y cuanto más lo demoremos peor se volverá la situación en el mundo".

Amma también se centró en temas específicos y detalló las diferentes maneras en que las mujeres están siendo oprimidas y explotadas. Se refirió específicamente a los problemas de la prostitución y el secuestro, la pornografía en internet, el sistema de la dote, el divorcio y el infanticidio femenino.

Así mismo, Amma reiteró algunas ideas expresadas en su conferencia del 2002. Insistió en la importancia de que la vida de la mujer se arraigue en las cualidades asociadas con la maternidad y busque la ecuanimidad interna, no la externa. "Todo tiene su propia naturaleza esencial...", dijo Amma. "La luz es la naturaleza del sol, las olas son la naturaleza del mar y el frescor es la naturaleza de la brisa. Lo que otorga a un ciervo su placidez y al león su crueldad es su naturaleza innata. De forma similar, las mujeres y los hombres tienen sus propias naturalezas que los distinguen entre sí. Éstas deberían ser recordadas y no abandonadas".

Amma concluyó dirigiéndose a las mujeres directamente: "las mujeres ya poseen todo lo que precisan para brillar en la sociedad. Ellas son intachables, son completas en todos los sentidos. Cuando los hombres traten de denigrarlas, las mujeres no deberían aceptarlo ni sentirse inferiores a ellos. Son las mujeres las que han dado nacimiento a cada ser humano en este mundo. Sentid el orgullo de esta bendición única y avanzad con fe en vuestro poder inherente. No os sintáis nunca como débiles corderitos, sino como auténticas leonas".

Cuando Amma terminó su discurso, se le invitó a reunirse con un grupo de unos 30 "jóvenes líderes" de distintas partes del mundo. Algunos

Durante la Cumbre, Amma se reunió con un grupo de 30 "jóvenes líderes" de distintas partes del mundo. Algunos pertenecían a países en situación conflictiva. Había jóvenes de Afganistán, Irak, Irán, Pakistán, India, Sri Lanka, Tibet, Nepal, Camboya, Laos, Taiwán, Sudáfrica, Nigeria, México, Israel y Palestina.

pertenecían a países en situación conflictiva. Había jóvenes de Afganistán, Irak, Irán, Pakistán, India, Sri Lanka, Tíbet, Nepal, Camboya, Laos, Taiwán, Sudáfrica, Nigeria, México, Israel y Palestina.

Fue entonces cuando la presidenta de esta Iniciativa, la Reverenda Dra. Joan Brown Campbell, antigua directora ejecutiva de la Oficina Estadounidense del Consejo Mundial de las Iglesias, se acercó a Amma con una petición: "Amma, tenemos la esperanza de que uno de los resultados de este encuentro sea la creación de un consejo de mujeres líderes espirituales de todo el mundo. Confiamos en que si se forma tal organismo, se convierta en un lugar al que todos puedan venir cuando busquen el consejo de una mujer, un consejo de sabiduría. Y tú, ciertamente, serías la persona que mejor pudieras darnos esa sabiduría. Amma, ¿aceptarías desempeñar un destacado papel en este consejo? Si aceptaras formar parte de él, nos sentiríamos muy honradas". Con la mayor humildad, Amma aceptó, diciendo que ciertamente ella haría cuanto pudiera.

A continuación, la reverenda Joan Brown y Dena Merriam, presidenta y fundadora respectivas de la Iniciativa, presentaron varios jóvenes a Amma. Observándolos atentamente, Amma alabó sus precoces tendencias espirituales y sus deseos de dedicarse a fomentar la paz. Amma dijo: "A tan temprana edad, estos jóvenes han despertado y desarrollado conciencia espiritual. Este hecho es sorprendente en sí mismo y digno de alabanza".

Amma sugirió entonces que la Iniciativa permitiera que los jóvenes desempeñaran un importante papel en el próximo consejo que se ha de constituir. "Si ellos sostienen las riendas, ayudarán a todas las naciones", dijo Amma. "Si se unen, serán como un bello arco iris".

Incidiendo en la importancia de la acción sobre las palabras, Amma alabó las virtudes de la juventud. "Los jóvenes tienen la energía suficiente para remangarse, esforzarse y completar sus acciones", dijo Amma con una sonrisa. "Basta con guiarlos y compartir con ellos sus experiencias y podrán asumir el liderazgo. También deberíamos apoyarlos emocional e intelectualmente, ofreciéndoles las instrucciones necesarias en el momento oportuno, especialmente a las personas que están en áreas de conflicto y esperan ser guiados. Lo que realmente se precisa no son encuentros físicos, sino encuentros del corazón. Deberíamos *hacer* algo. Eso es lo importante".

A continuación, Amma pidió a los jóvenes y a los líderes de la iniciativa que recordaran que no basta sólo con el esfuerzo humano, que sin la gracia divina ningún plan dará su fruto. Dijo: "Volveros humildes, permaneced como principiantes hasta el final, como niños que poseen una tremenda fe y paciencia. Ese es el mejor camino. Esa debería ser nuestra actitud hacia la vida y hacia las experiencias que nos ofrece, de esa manera seguiremos aprendiendo. Nuestros cuerpos han crecido en todas las direcciones pero no nuestra mente, para que la mente crezca y sea tan grande como el universo tenemos que volvernos como un niño.

"De ese modo, avanzad, id a vuestros respectivos pueblos, sentid el sufrimiento de los demás y trabajad duro. Hay mucho que aprender. Hagamos cuanto podamos hacer, y que la Gracia de Dios nos bendiga a todos".

La visión de Amma respecto al papel que desempeña la mujer en varias áreas de la vida, incluida la política y la administración gubernamental, muestra su perspectiva universal. Es una visión surgida de su realización interior de unidad y paz. De acuerdo con Amma, el reforzamiento de la mujer no significa el rechazo de los hombres, ni mantener viejas rivalidades con ellos. Por el contrario, la visión de Amma es de perdón, de mutua comprensión y amor. Sólo la acción que se sustente en esta visión expansiva puede llevar a la humanidad a las más altas cotas de lo material y lo espiritual.

Swami Amritaswarupananda Puri
Vice-Presidente
Mata Amritanandamayi Math

El infinito potencial de la mujer

Conferencia de Sri Mata Amritanandamayi
Jaipur, India – 7 de marzo de 2008

En todo el mundo aumentan las discusiones acaloradas en torno a la igualdad de la mujer en todas las esferas de la sociedad, para que reciban el mismo trato y respeto. Este es un buen signo de cambio. Por falta de ese diálogo, las mujeres han tenido que sufrir en silencio durante mucho tiempo. A lo largo de la historia, las mujeres han sido objeto de explotación y persecución física, emocional e intelectual. Incluso en países en donde se supone que se ha producido un avance en el pensamiento y el desarrollo social, siguen todavía discriminadas en muchos campos aunque, de algún modo, tal discriminación ha disminuido. Las épocas de cambio han impulsado a los hombres a dar protección física a las mujeres, pero todavía hoy en día, los hombres están poco dispuestos a permitirles que disfruten de un ambiente libre de presión y desigualdad emocional e intelectual, ya sea en casa, en el trabajo o en la sociedad. Mientras se mantenga esta actitud seguirá permaneciendo una sombra de duda en las relaciones entre hombres y mujeres, y también en la sociedad en su conjunto. Sin respeto mutuo y sin afectuoso reconocimiento, la vida de los hombres y mujeres será como dos orillas distantes, sin un puente que las una. Si la mujer y el hombre han de relacionarse mutuamente, ambos deben desarrollar una mayor comprensión, madurez mental y discernimiento. Si estas cualidades están ausentes, la discordia y el malestar se convertirán en las características propias de esta sociedad. La igualdad debe generarse en la mente. Hoy en día, nuestras mentes están dominadas por la noción de desigualdad. Mientras prevalezca esta noción, el crecimiento y desarrollo social serán incompletos, como una flor que no acaba de florecer. Apartar a la mujer de la economía o de la política implica rechazar la mitad del intelecto y de la fuerza social. Los hombres deben darse cuenta de que el progreso social e individual se producirá si se cuenta con las mujeres para cooperar en esas materias. Sin duda, los encuentros, conferencias y campañas de publicidad son necesarios para ofrecer una solución a este problema. No obstante, el mero pensamiento intelectual no rectificará esta situación. Necesitamos descubrir las causas tanto visibles como sutiles para llegar a una solución.

Las mujeres dicen que no se les está dando la consideración y la libertad que merecen, ya sea en casa, en el trabajo o en la sociedad. Dicen que no sólo no se les respeta, sino que son tratadas con desdén. A los hombres no les gusta oír hablar de esta verdad. Ellos piensan que a las mujeres se les está dando demasiada libertad por lo que se han vuelto arrogantes y negligentes en el cuidado de sus hogares e hijos. Antes de considerar qué aspectos de estas perspectivas son correctos o erróneos, necesitamos comprender cómo surge esta situación y cómo se ha arraigado. Si lo conseguimos será más fácil cambiar falsas ideas.

La anticuada noción condescendiente de "el hombre es superior a la mujer, y por tanto ella no necesita libertad ni igualdad" se ha enraizado con fuerza en la mente de la mayoría de los hombres. La mentalidad de las mujeres es, sin embargo, diferente en su conjunto y ellas lo sienten de este modo: "Durante mucho tiempo los hombres han cargado sobre nosotras y nos han explotado ¡Ya hemos tenido bastante! A partir de ahora, vamos a darles una lección, no hay otra manera".

Estas dos posturas están llenas de resentimiento y enemistad. Hoy en día, estos pensamientos destructivos controlan tanto a mujeres como a hombres, inflando sus egos y confundiendo el problema. Para liberar nuestras mentes, debemos abandonar esta mentalidad competitiva de "quién es el mejor".

Una vez, en la celebración de una boda, cuando la pareja iba a formalizar su compromiso en el registro matrimonial, el marido firmó primero y luego firmó la esposa. Nada más terminar de firmar, el marido gritó: "¡Se acabó…, esto se acabó! ¡Pido el divorcio ahora mismo!"

El magistrado y los otros testigos se quedaron asombrados. El magistrado preguntó: "¿Qué está diciendo? ¿Cómo es que pide el divorcio nada más acabar de casarse? ¿Qué ha sucedido?"

El novio dijo: ¡Cómo me pregunta qué ha sucedido! ¡Abra bien los ojos y mire. Observe, ahí está mi firma. Ahora mire la de ella. ¿Ha visto lo grande que es? Dígame, ¿quién firma utilizando casi toda la página? Yo sé lo que esto significa. No soy tonto. En nuestra vida matrimonial, ella se mostrará grande y yo pequeño. Eso es lo que significa su firma. Bien, olvidémonos de la boda, pues no va a conseguir empequeñecerme.

Actualmente, cuando hombres y mujeres tratan de caminar unidos, sus pasos son vacilantes desde el principio.

Las mujeres se están cuestionando reglas y normas socialmente establecidas, y empiezan a despertar y a avanzar. Pero, ya sea por hábito o tradición, los hombres no permiten que ellas despierten.

Los hombres suelen decir: "Nosotros, en realidad, damos libertad a las mujeres". Pero, ¿qué clase de libertad les dan?

Un hombre le dio a un amigo una preciosa gema. Pero nada más dársela, empezó a lamentarse: "¡Qué lástima!, No tenía que habérsela dado". Se sintió apenado y no dejó de pensar en lo que había hecho. Y no sólo eso, sino que empezó a buscar la manera de recuperar la gema. Así es el espíritu de los hombres que han concedido a la mujer su libertad. De hecho, la libertad no es algo que los hombres tengan que concederles, pues les corresponde por nacimiento. Ellos se lo apropiaron y lo han convertido en algo suyo.

En el pasado, los hombres tenían la libertad y el consentimiento social para hacer cualquier cosa, pues ellos eran los únicos que trabajaban. Como poseían el control sobre la economía y otras cuestiones, ejercían una autoridad que aprisionaba a las mujeres. Entonces eran los hombres los que controlaban sus asuntos, pero ahora la situación ha cambiado. Aunque sigan encerradas, las mujeres están abriendo las puertas desde dentro y liberándose. La razón estriba en que hoy reciben educación, tienen su propio trabajo y pueden valerse por sí mismas. Los hombres deben entender que los tiempos han cambiado.

Antes, estaban confinadas en los compartimentos creados por las normas sociales. Tenían que observar los dogmas que habían pasado de generación en generación y ser obedientes. "Respeta a los hombres", "no hagas preguntas", "haz lo que se te dice", esas eran las reglas que aprisionaban a las mujeres. A causa de esa opresión, ellas eran incapaces de expresar su talento. Una planta de maceta, como un bonsái, no dará flores ni frutos. ¿Es simplemente un objeto decorativo? De esta manera, las mujeres son vistas sólo como objetos para el placer y la felicidad de los hombres. Ellas eran como una *tambura* (instrumento musical de cuerda), cuyo sonido sólo servía para acompañar la canción de los hombres.

En cierta ocasión, un periodista visitó un país extranjero para hacer un reportaje. En la ciudad vio a un grupo de personas que avanzaba por la calle, los hombres iban delante mientras que las mujeres los seguían con los niños en sus brazos y con cargas pesadas en sus hombros. En todos los lugares que visitó de aquel país, el periodista siempre veía lo mismo, por tanto pensó: "¡Si qué están anticuados aquí los hombres! Esto es terrible".

Al cabo de unos meses, estalló la guerra en aquel país, a fin de comprender la situación de la posguerra el periodista volvió allí. En esta ocasión vio justo lo contrario. Ahora eran las mujeres las que iban delante y los hombres detrás, con los niños y las cargas. El periodista se alegró al pensar: "¡Qué cambio más asombroso les ha causado la guerra!", preguntó a una mujer sobre tal cambio y mientras preguntaba se oyó una explosión. Una de las mujeres había pisado una mina y le había provocado la muerte al instante. La mujer que estaba siendo entrevistada dijo: "¿Ha visto *el cambio*? ¡Este es el nuevo panorama que los hombres han ideado para protegerse!"

Esto es sólo un ejemplo. ¡Ojalá no ocurra nunca una situación parecida! Todos piensan sólo en su propia seguridad. Los hombres deberían ser felices, pero no a costa de la felicidad de las mujeres.

En algunos países, llegan a creer que las mujeres ni siquiera tienen alma. Si un hombre mata a su esposa en esos países, no será castigado. Consideran que matar a alguien carente de alma no constituye un delito.

El pensamiento que ha prevalecido durante generaciones es que "las mujeres son débiles y necesitan que los hombres las protejan". La sociedad le ha asignado al hombre el rol de protector y él ha abusado de ese papel para explotarlas. De hecho, el hombre no debería considerarse el protector ni el castigador de la mujer. Debería coexistir con ella, mostrando una actitud favorable y de apertura mental para permitir que esté a la vanguardia de la sociedad actual.

Muchos se preguntan cómo surgió este ego masculino. Según el Vedanta [la filosofía de la no dualidad], la causa última sería maya [ilusión], pero a nivel más básico debe haber otro origen. En la antigüedad, los seres humanos vivían en los bosques, en cuevas o en cabañas construidas en los árboles. Como los hombres suelen ser físicamente más fuertes que las mujeres, se dedicaban a la caza y a proteger a sus familias de los animales salvajes. Las mujeres se pasaban casi todo el tiempo en el hogar, cuidando a los niños y realizando tareas domésticas. Dado que los hombres conseguían la comida y las pieles para cubrirse, quizás desarrollaron la idea de que las mujeres dependían de ellos para sobrevivir, que eran ellos los dueños y ellas sus sirvientas. De ese modo, las mujeres también empezaron a ver a los hombres como sus protectores. Tal vez fue así como se desarrolló el ego masculino.

La mujer no es ni debería ser considerada débil. Sin embargo, su natural compasión y empatía se suelen valorar falsamente como debilidad. Si saca su poder interior, puede ser un verdadero hombre incluso más que el propio hombre[1]. La sociedad masculina debe ayudar a que emerja y se valore la fuerza latente de la mujer. Si nos alineamos con esa fuerza interior, este mundo se volverá un cielo. Acabarían así las guerras, las disputas y los actos terroristas. No hace falta decir que, de ese modo, el amor y la compasión constituirían la esencia de la vida.

Amma ha oído hablar de un hecho que se produjo en un país africano enfrentado a una guerra donde murieron innumerables hombres.

---

[1] En la India las virtudes asociadas con el hombre son el valor, discernimiento y desapego y con la mujer, el amor, la compasión y la paciencia

El número de mujeres alcanzó el 70% de la población y no perdieron su coraje por la pérdida. Se unieron y empezaron a crear pequeños negocios, ya fuera individual o colectivamente. Educaron tanto a sus hijos como a los huérfanos y, al cabo de poco tiempo, se encontraron en una situación radicalmente mejorada. Esto prueba que, si ellas eligen unirse, pueden superar la destrucción y convertirse en una fuerza inestimable.

Ante hechos como este, podemos deducir que si gobernaran las mujeres se evitarían muchas disputas y guerras. Una mujer no aceptaría que su propio hijo fuera a luchar sin hacer antes una cuidadosa valoración y reflexión. Sólo una madre puede comprender el dolor de otra que haya perdido a su hijo.

Si las mujeres se unen y permanecen juntas, se pueden producir muchos y deseables cambios sociales. Pero también es necesario que se anime a los hombres a unirse a este cambio. Mujeres y hombres deben juntar sus manos para salvar a nuestra sociedad y a las generaciones futuras de un gran desastre. Eso es lo que Amma desea afirmar. "No obstante, la situación actual es parecida a la de dos grandes camiones que circulan a una gran velocidad y en dirección opuesta, sin que ninguno de ellos esté dispuesto a ceder el paso al otro".

Hay diferencias de perspectiva y aproximación a las actividades que desempeñan hombres y mujeres, según sean las épocas, los lugares y las culturas. Sin embargo, siempre ha habido mujeres de gran coraje que han roto las cadenas que les han impuesto y han iniciado revoluciones. Algunas princesas indias, como Rani Padmini, Hathi Rani, Mirabai y Jhansi Rani, fueron símbolos de gran valor y pureza.

Casos similares de feminidad se han dado también en otros países. Algunos ejemplos son Florence Nightingale, Juana de Arco y Harriet Tubman. Siempre que se les ha presentado la oportunidad, las mujeres han eclipsado a los hombres en cada especialidad, ellas tiene el talento y la fuerza para conseguirlo.

Hay una fuerza invencible en cada mujer. Si logra escapar de la celda completamente oscura de su mente y emociones, podrá elevarse hacia los infinitos cielos de la libertad.

Había una vez una pequeña águila que, por casualidad, se encontró viviendo en medio de unos polluelos. La gallina madre la alimentó del mismo modo que al resto de sus crías. Igual que los polluelos, la joven águila creció buscando gusanos en la tierra. De ese modo, el águila pensó que era una simple gallina, ignorante de su capacidad para volar y ascender por los cielos. Un día, otra águila observó a esta novata que vivía entre los polluelos. Cuando estuvo sola, el 'águila celeste' se aproximó al 'águila gallina' y la invitó a visitar un lago. El 'águila celeste' dijo: "Hija mía, no te das cuenta de quién eres. Mírame y después mira tu propio reflejo en el agua. Al igual que yo, tú también eres un águila con la capacidad para volar en el cielo, pues no eres un pollo terrestre". Poco a poco el águila se percató de su fuerza y al cabo de un tiempo, abrió sus alas y empezó a batirlas por el cielo.

El vasto cielo es el derecho de nacimiento del águila. Del mismo modo, una mujer tiene el potencial para ascender hacia el infinito cielo de su poder y libertad. Pero antes de que esa libertad sea una realidad, la mujer tiene que prepararse a través de un constante esfuerzo. Lo que la inhibe es la idea de carecer de fuerza y estar encasillada por numerosas limitaciones y debilidades. Primero tiene que eliminar tales ideas preconcebidas y después se producirá el cambio interior de forma espontánea. No obstante, no debería confundir la libertad del propio Ser con la del cuerpo.

Es más, a Amma le gustaría que las mujeres abandonaran su tendencia a encontrar faltas en los hombres. Los hombres necesitan el apoyo físico y emocional de las mujeres. En general, es cierto que los hombres no piensan muy bien de las mujeres, pero no pueden ser totalmente culpados por ello. Las antiguas tradiciones y circunstancias en las que han crecido, les han inculcado este punto de vista. Por ejemplo, si a un americano que llega a la India se le dice que no utilice el cuchillo y el tenedor y que coma con su mano derecha, es posible que no sea capaz de hacerlo de inmediato. Sucede igual con los hábitos de una persona, no cambian rápidamente, así, no es razonable esperar que los hombres cambien al momento, de hecho están siendo dominados por una mente que desconocen. Si alguien cae frente a un elefante éste levantará su pata para pisarlo, hasta un bebé elefante lo haría. ¡Así de fuerte es la naturaleza arraigada! En lugar de culpar a los hombres, deberíamos esforzarnos para que, con paciencia y afecto, cambien gradualmente.

Si tratamos de forzar la apertura de una flor, su belleza y fragancia se perderán, debemos permitir que florezca de forma natural. De igual modo, condenar a los hombres o presionarlos para que cambien rápidamente tendrá un efecto adverso en la familia y en la vida social de ambos. Por tanto, ellos deberían comprender la predisposición mental de la mujer y viceversa.

"Debemos avanzar", este es el objetivo de la mayoría de las mujeres. Es cierto que ellas deben avanzar, pero también necesitan atender al niño que sigue sus pasos y no olvidar sus responsabilidades maternales. Por el bien de los hijos, una madre debería tener por lo menos algo de paciencia. No basta con darle al bebé un espacio en su matriz, también tiene que ofrecerle un espacio en su corazón.

La integridad, belleza y fragancia de la sociedad futura se debe expresar a través de las madres. La madre es la primera maestra, por tanto, es la que más puede influir en un niño. Cualquier cosa que haga, el niño lo absorberá. La leche materna no sólo alimenta al cuerpo del niño, también desarrolla su mente, intelecto y corazón. De igual forma, los valores que transmite una madre a su hijo le darán fuerza y coraje en el futuro. Ya que son las mujeres las que han dado nacimiento y han criado a los hombres, ¿cómo no van a ser iguales a ellos? Sólo cuando las madres despierten y se esfuercen, será posible una nueva era llena de amor, compasión y prosperidad.

Hace mucho tiempo, una reina que estaba embarazada convocó a su astrólogo cuando empezó a sentir los dolores del parto. El astrólogo le predijo: "La época más auspiciosa para dar a luz será dentro de unas pocas horas. Si el niño nace en ese momento, será la encarnación de todas las nobles cualidades, será una gran bendición para el país y para todos sus súbditos". Cuando la reina escuchó aquellas palabras, pidió que le sujetaran las piernas al techo. Se quedó con la cabeza boca abajo y las manos tocando el suelo. A fin de saber cuándo era el momento favorable, colocó un reloj cerca. Cuando ya se acercaba la hora, dio instrucciones para que la preparasen para el parto. Así dio a luz en el momento auspicioso que le habían predicho. A causa del trauma al que voluntariamente se había sometido para el afortunado nacimiento, la reina murió. Años más tarde, cuando su hijo se convirtió en rey, trabajó incansable por el bien del pueblo y del país. Construyó innumerables templos de gran belleza. La tierra floreció y sus gentes vivieron en paz, armonía y felicidad.

Hoy en día, muchos sólo piensan en lo que pueden conseguir. Nosotros no debemos actuar en función de lo que podemos obtener, sino más bien en función de lo que podemos dar por el bien de la sociedad.

La fuerza interior de la mujer fluye como un río. Si la corriente del río se encuentra con una montaña, la rodea. Si hay unas rocas, fluirá a través de ellas. A veces lo hará por debajo de las rocas y otras por encima. De forma parecida, la fuerza femenina tiene la capacidad para avanzar hacia la meta, superando cualquier obstáculo en su camino. Los hombres deben estar preparados para dar a la fuerza interior de las mujeres el valor que se merece. Por el bien del crecimiento colectivo de la sociedad, ellos tendrían que aceptar y animar, con amplitud de miras, a las mujeres.

En el pasado, los hombres eran estrechas veredas de una sola dirección. Ahora necesitan volverse autopistas. Y no sólo para que sean adecuados para el avance de la mujer, sino para que también ellos se abran camino. Puede que los hombres tengan más músculo y fuerza física, pero en lugar de usar esa fuerza para oprimir a las mujeres deben usarla para apoyarlas. También conviene que las organizaciones celebren encuentros con el objetivo de impulsar a las mujeres hacia posiciones de liderazgo. Pero también hay que recordar que la igualdad no es un asunto de poder o posición, sino un estado mental.

Hombres y mujeres deben conceder al corazón la misma importancia que dan al intelecto. Tienen que esforzarse de modo que se reconcilie intelecto y corazón y ser ejemplos el uno para el otro. Entonces, la igualdad y armonía surgirán de forma natural. La igualdad no es algo externo. Una gallina nunca cacareará como un gallo, ni éste podrá poner huevos. Aunque existan diferencias externas, es posible convertirse en una sola mente. La electricidad se manifiesta en un frigorífico como frío, en una estufa como calor y en una bombilla como luz. Un televisor no tendrá las mismas cualidades que la bombilla, ni la bombilla las del televisor, ni un frigorífico será capaz de hacer lo que hace una estufa, y viceversa. No obstante, la corriente eléctrica que fluye a través de esos aparatos es una y la misma. De igual modo, aunque hayan muchas diferencias externas entre las mujeres y los hombres, la conciencia que mora en el interior es la misma.

Todo tiene su lugar en el universo, nada es insignificante. Hay una propósito y una conciencia detrás de cada expresión de la creación, todo tiene su propia naturaleza esencial, algunas cosas serán 'grandes', otras 'pequeñas'. La luz es la naturaleza del sol, las olas son la naturaleza del mar y el frescor es la naturaleza de la brisa. Lo que otorga a un ciervo su placidez y al león su crueldad es su naturaleza innata. De forma similar, las mujeres y los hombres tienen sus propias naturalezas que los distinguen entre sí. Éstas deberían ser recordadas y no abandonadas.

En sus intentos por imitar a los hombres, algunas mujeres fuman y beben como ellos, olvidando su regalo de la maternidad. Actuar así es peligroso, y además no facilita el que se produzcan los cambios esperados.

Los hombres no son mejores que las mujeres, ni a la inversa. La verdad fundamental es que en la creación, nadie es superior a los demás. Al atribuir la supremacía sólo a Dios, tanto mujeres como hombres pueden volverse instrumentos al servicio del Todopoderoso. Desde esta aproximación puede emerger la verdadera igualdad entre ellos.

Lo que vemos hoy en día es una confrontación entre pasado y futuro. La comunidad masculina que no está dispuesta a comprometerse, es el emblema del pasado. Si el futuro ha de convertirse en una bella, fragante y esplendorosa flor, las mujeres y los hombres tienen que unirse en todas las esferas. Es fundamental que, sin más dilación, se preste atención a esta idea, especialmente los que deseen la paz y la felicidad en la comunidad mundial. Por el bien de un futuro prometedor, las mentes e intelectos de ambos tienen que alcanzar la unidad. Ya no podemos esperar más. Cuanto más lo demoremos, peor se volverá la situación en el mundo.

Si las mujeres y los hombres se unen, se establecerá un gobierno saludable. Pero para que esto ocurra, se necesita mutua comprensión y diálogo sincero. El veneno de la serpiente puede causar la muerte, pero también puede convertirse en una medicina capaz de salvar la vida de alguien. Así mismo, si podemos convertir nuestros pensamientos negativos en habilidades, todavía podemos salvar a la sociedad. Sólo el amor puede transformar el veneno de pensamientos negativos en ambrosía.

El amor es una emoción común en todos los seres vivos. Es el camino que siguen las mujeres para llegar a los hombres, los hombres a las mujeres, ambos a la Naturaleza, y la Naturaleza al universo. El amor que desborda todo límite es *vishwa matruvam*, la maternidad universal.

El mayor florecimiento que puede darse en esta tierra es el de la flor del amor. Una bella flor de gran colorido y fragancia surge incluso de una pequeña planta. De forma similar, el amor brota en los corazones humanos, después florece y se expande. Tanto hombres como mujeres deben permitir que se produzca este florecimiento en su interior.

No hay nada más profundo que la fuerza y la belleza de dos corazones que se aman mutuamente. El amor disfruta del aire de la brisa fresca bajo la luna llena y del radiante brillo de los rayos del sol. Pero no entrará en nuestros corazones sin permiso. Mujeres y hombres deben invitar por igual a este amor que está esperando. Sólo este amor puede ofrecer un cambio permanente en los modos de pensar, y por tanto en sus realidades.

Si la esposa y el marido viven en mutua comprensión, el creciente sentido de alienación disminuirá entre ellos, y también así se reducirán de alguna manera los problemas de la sociedad. Actualmente, algunas parejas proclaman fingiendo ante los demás: "Vivimos en mutuo amor y fe", pero es sólo apariencia. El amor no es algo que pueda ser imaginado o simulado, sino vivido. Es la vida misma.

Disimular es como llevar una máscara. Al margen de quién se la ponga, la máscara debe ser retirada pues sino el tiempo la hará patente. Según el papel que cada uno desee desempeñar algunos la retirarán más pronto y otros más tarde, esa es la única diferencia.

¿Cómo se ha convertido el amor, que es la naturaleza intrínseca y la obligación del ser humano, en una máscara? Cuando uno se denigra a sí mismo actuando sin humildad o compromiso, ese amor se convierte en una máscara. Por ejemplo, si nos quedamos de pie mirando la corriente cristalina de un río ¿acaso vamos a saciar nuestra sed?, para saciarla debemos inclinarnos y beber. Si en lugar de hacer eso, seguimos de pie maldiciendo al río, ¿qué sentido tiene? Si nos entregamos será fácil colmarse con las aguas cristalinas del amor.

Mujeres y hombres se han convertido en policía secreta en sus relaciones actuales. Sospechan de cualquier cosa que vean u oigan. Esas 'dudas' les restan salud y longevidad y se convierten en una enfermedad muy seria. La persona afectada por esa enfermedad pierde su capacidad de escucha y empatía hacia los problemas del otro.

Aunque muchas de nuestras relaciones se vean afectadas por el sufrimiento, no hemos perdido el amor para siempre. Si el amor muere, el universo morirá. La llama imperecedera del amor está en cada uno, sólo necesitamos soplar para avivarla.

Vemos cómo las especies animales se van extinguiendo cada vez más. ¿Vamos a permitir que el amor se extinga de igual modo en el corazón humano? Para prevenir esa extinción, los seres humanos deben volver a respetar, adorar y recuperar su fe en el poder divino. Ese poder no está fuera, para descubrirlo dentro, necesitamos ajustar nuestra perspectiva. Por ejemplo, mientras leemos un libro, nos centramos sólo en las palabras, no en el papel en el que están impresas esas palabras. El papel es sólo el sustrato en el que se manifiestan.

Tratad de hacer el siguiente experimento con un grupo de personas. Cubrid un gran tablero con papel blanco, marcad un pequeño punto negro en el centro del papel y después preguntad a los presentes: "¿qué veis?", la mayoría probablemente dirá: "Veo un pequeño punto negro". Muy pocos dirán: "Veo un punto negro en el centro de un gran papel blanco".

La humanidad actual es como esa mayoría. Tendríamos que reconocer, en primer lugar, que el amor es el auténtico núcleo de la vida. Cuando leemos tenemos que ser capaces de ver las letras, pero también reconocer el papel que es su sustrato. Hoy en día, en lugar de mirar al exterior desde dentro, estamos tratando de mirar al interior desde fuera. De ese modo, no somos capaces de ver nada claramente.

En la vida mundana, mujeres y hombres tienen sus propias necesidades y derechos. Para cubrir estas necesidades y lograr estos derechos compiten duramente por conseguir dinero, posición social, prestigio y libertad, dedicándole mucho tiempo y esfuerzo. Pero, en medio de todo ese esfuerzo, tenemos que dejar un espacio libre en nuestra mente para recordar una verdad: Sin amor, no seremos capaces de obtener felicidad o satisfacción del nombre, la fama, la posición social o el dinero. Nuestra mente, intelecto y cuerpo necesitan centrarse decididamente en el puro amor que es el punto central de la vida. Es de vital importancia trabajar desde ese centro, entonces las diferencias entre mujeres y hombres sólo se manifestarán en el reino de la forma y nos percataremos de que, en esencia, somos unidad.

Jaipur es un lugar ideal para este congreso. Esta tierra ha sido testigo de una noble cultura.

Princesas de extraordinario valor y pureza no mundana han nacido y vivido aquí. Gracias a sus mentes puras y grandes sacrificios, mantuvieron inestimables ideales de vida. Independientemente del tiempo y del espacio, las cualidades que precisa una mujer son coraje y pureza mental. Si estas cualidades se convierten en su auténtico aliento vital, la sociedad las colocará en un pedestal y la posición, prestigio, fama y respeto que se merecen les llegará de forma espontánea.

En realidad, la pureza mental es la base del coraje, y la fuente de la pureza mental es el amor. Sólo el amor puede liberar a mujeres y hombres de la oscura prisión del pasado y acomodarlos en la luz de la verdad. El amor y la libertad son interdependientes. El amor amanece en un corazón que se ha liberado de los pensamientos del pasado. Sólo cuando haya amor en el interior, se liberará la mente. Cuando la mente se libera, uno alcanza la completa libertad.

Si se desea obtener libertad, igualdad y felicidad, los seres humanos deben amarse y amar la Naturaleza. También tienen que esforzarse por realizar su Ser Interior. El tiempo para conseguirlo ya se ha sobrepasado. Cualquier retraso implica un grave peligro para la humanidad.

Muchas mujeres acuden a Amma llorando y le preguntan: "¿Por qué Dios nos ha hecho mujeres?" Cuando Amma les pregunta por qué se plantean esta cuestión, dicen: "Los hombres nos acosan física y mentalmente, cuando hablan están llenos de condescendencia, por ese motivo nos sentimos disgustadas con nosotras mismas". Consideran que haber nacido mujer es una maldición, y que nacer hombre es superior en todos los sentidos. Bajo el peso de su complejo de inferioridad, se encuentran sin fuerzas para enfrentarse a los demás. Quizás sean estos pensamientos y experiencias los que las han llevado a cometer infanticidios femeninos. La idea de someter a otra mujer a un mundo tan cruel las llena de temor.

El sistema de la dote es ilegal desde hace mucho tiempo, pero eso no reduce las sumas que todavía hoy se entregan y se reciben en la concertación matrimonial.

¿Cómo podemos poner fin a esta costumbre de la dote, la cual refuerza la idea de la mujer como inferior y deficiente respecto al hombre? ¿Cómo las familias pobres, que se ven en apuros para conseguir ropa adecuada, van a poder reunir el dinero necesario? Hay mujeres que matan a sus hijas recién nacidas sólo por esta razón.

También en la India, las leyes del divorcio no favorecen a las mujeres. Cuando los casos llegan a los juzgados, se convierten en auténticas guerras. Todavía hoy en día, las causas por divorcio sufren de grandes retrasos que se mantienen por años. Al final, lo que la mujer consigue no llega más que a las 400 ó 500 rupias al mes [unos 7 euros]. Tras el divorcio, las mujeres que tienen hijos están obligadas a mantenerlos. La ínfima cantidad que se les concede apenas alcanza para alimentarlos una semana. En consecuencia, algunas mujeres no tienen más opción que prostituirse. Amma ha secado las lágrimas de muchas mujeres que se han visto forzadas a llevar una doble vida, alternando unas semanas en el hogar y otras en el prostíbulo. Otras intentan ganarse la vida como sirvientas, pero allí sufren a menudo abusos indecibles por parte de sus patronos, quienes se lanzan sobre ellas como buitres para abusar de sus cuerpos desamparados y finalmente acaban en la prostitución. Sus hijas entonces siguen sus pasos, a muy temprana edad, se les admite en los burdeles y enseguida se les coacciona para prostituirse. Los patronos mantienen secuestradas a sus madres con la amenaza de: "Si te vas, nunca más verás a tu hija de nuevo" y de esta forma se ven obligadas a continuar.

En Occidente, las prostitutas son más conscientes de las posibles consecuencias de sus acciones y adoptan las precauciones necesarias. Pero en la India, estas mujeres caen víctimas de innumerables enfermedades sexuales, convirtiendo sus vidas en verdaderos infiernos. Todo este ciclo se inicia por la falta de respeto del hombre hacia la mujer y por los complejos de inferioridad que se generan como resultado.

Otro problema que se da actualmente es el incremento de violaciones. Algunos dicen que la razón estriba en el modo provocativo como visten las mujeres en el mundo moderno. Pero eso no es totalmente cierto, pues en la antigüedad, en algunos sectores sociales las mujeres indias no llevaban blusas, se cubrían con sólo una prenda. No era habitual ver a esas mujeres llevar un chal apropiado, sin embargo, en aquellos tiempos apenas se hablaba de violación. ¿Por qué? Porque los valores espirituales tenían una fuerte influencia en la vida cotidiana y las gentes tenían una conciencia del *dharma*, se comportaban con respeto y cuidaban de la humanidad como un todo. Gracias a los semáforos y los radares, las personas se ven obligadas a respetar los límites de velocidad. Saben que si se les detecta corriendo demasiado en repetidas ocasiones, se les retirará el permiso de conducir. De igual modo, tiempo atrás hasta un hambriento evitaba robar debido a sus arraigados valores. Aunque los hombres se sintieran atraídos por las mujeres, mantenían un auto-control. Su conciencia del *dharma* y el consiguiente temor los mantenía a raya.

Los avances en la tecnología de la información han beneficiado en gran medida a la sociedad. Pero al utilizarse internet y la televisión sin el adecuado discernimiento, estos medios se han convertido en instigadores de las violaciones y de las conductas desviadas. Cualquiera puede acceder a sitios inapropiados de la red, estos sitios despiertan las tendencias animales en las personas. Muchos países del Golfo Pérsico han establecido medidas estrictas para bloquear el acceso a ellos. India también debería plantearse el implementar medidas similares. Tal vez algunos digan que "todos somos libres", que "tenemos derecho de elección" o que "todo esto forma parte de la educación moderna", pero si nos abstenemos de introducir tales restricciones para aplacar dichos argumentos, nuestras generaciones futuras acabarán destruidas y la sangre estará en nuestras manos.

En la vida, *artha* y *kama* —acumular dinero y realizar deseos— no bastan; lo primero y más importante que debe haber es conciencia del *dharma*, rectitud.

Antes de concluir, a Amma le gustaría hacer algunas sugerencias que tal vez alivien el sufrimiento que actualmente padecen las mujeres:

1. El infanticidio femenino está condenado por ley, pero esas leyes no están siendo aplicadas. El Gobierno de la India debe dar los pasos necesarios para asegurar que quienes violen esa ley sean llevados ante los tribunales de justicia.

2. Las mujeres con conocimientos técnicos, educación y posibilidades económicas deberían ayudar a las mujeres que carecen de educación y recursos. Sin embargo, todos esos esfuerzos deberían prestigiar los valores y la cultura, y nunca servir de medios para cuestionar las creencias o la fe de los aldeanos.

3. Para conseguir igualdad entre mujeres y hombres, es fundamental que la mujer sea económicamente independiente. Para lograrlo, es necesaria la educación. Los padres deben comprometerse a que sus hijas reciban una educación lo más

completa posible y ayudarlas para que sean capaces de mantenerse por sí mismas. Puesto que la edad no es una barrera para la formación, las mujeres deben unirse para enseñar a mujeres carentes de formación mediante métodos creativos.

4. Cada vez que nazca una niña, sería conveniente que el Gobierno de la India creara un fondo económico a su nombre. De este modo, cuando la joven alcanzara la edad del matrimonio dispondría de los fondos necesarios. Esto reduciría el infanticidio femenino.

5. Convendría que más instituciones empezaran a adoptar niñas no deseadas. Una de estas organizaciones se denomina "La cuna de la Madre". Habría que incrementar socialmente la conciencia de establecer y ayudar a esas organizaciones.

6. A cualquier hora de la noche, las mujeres tendrían que poder andar solas sin temor. Los hombres deberían hacer esfuerzos sinceros para que eso fuera una realidad.

7. En sánscrito, la palabra "dote" se conoce como *stri dhanam*. *Stri* significa 'mujer' y *dhanan* significa 'riqueza'. Los hombres que se muestran avariciosos al pensar en la dote deberían darse cuenta de que *stri* es *dhanam*, que la mujer es la riqueza del matrimonio.

8. Tan importante como darles a la chicas una buena educación, es establecer campañas de concienciación para chicos. Mientras son jóvenes, ellos deben llegar a comprender, en toda su profundidad, que una mujer no es un objeto comercial, ni una pelota para ser golpeada por un varón. Ella es Madre, y merecedora por tanto de respeto y adoración.

9. En la India, las tasas de divorcio van en aumento. En Occidente, cuando una pareja se divorcia, el hombre tiene que pagar por lo general una pensión a la mujer hasta que ésta se vuelve a casar. Pero en la India, estos sistemas de ayuda no se ejecutan. Esto debería rectificarse.

10. Las mujeres también deberían luchar para implicar a los hombres en el esfuerzo por conseguir la igualdad entre mujeres y hombres.

11. Hasta cierto punto, la sociedad machista ha triunfado promocionando la falacia de que "las mujeres no tienen fuerza ni coraje". Es hora de someter a prueba esta falsa creencia, sin retar a nadie ni competir con los hombres. A través de la pura esencia de la maternidad inherente en todas las mujeres, que no teme ni siquiera a la muerte, y a través de una constante auto-confianza que las prepara para dar vida a una nueva creación,

las mujeres muestran al mundo que ellas son la fuerza y el auténtico compendio del coraje.

Si a una persona que tiene un doctorado se le dice: "No tienes el doctorado", eso no invalidará su graduación, es evidente que no. De igual modo, las mujeres ya poseen todo lo que precisan para brillar socialmente, ellas son intachables. Son completas en todos los sentidos. Cuando los hombres traten de denigrarlas, las mujeres no deberían aceptarlo, ni sentirse inferiores a ellos. Son las mujeres las que han dado nacimiento a cada hombre en este mundo. Sentid el orgullo de esta bendición única y avanzad con fe en vuestro poder inherente. No os sintáis nunca como débiles corderitos, sino como auténticas leonas".

Los ojos y los oídos externos de los seres humanos, saturados por el interés y el egoísmo, están siempre abiertos. Sin embargo, los ojos internos necesarios para ver el dolor de los demás y los oídos internos necesarios para escuchar conmovedores relatos de sufrimiento, siguen cerrados. La plegaria sincera de Amma es que esta desgarradora situación sea rápidamente transformada. Que todos escuchen, respondan y se impliquen en los problemas de los demás. Que todos recen por la felicidad y la paz de los demás. Amma ofrece estas plegarias al Paramatma, el Ser Supremo.

||Om Lokah Samastah Sukhino Bhavantu||